VENTE DES VENDREDI 3 et SAMEDI 4 DÉCEMBRE 1886

HOTEL DROUOT, SALLE N° **2**

*Par suite du Décès de M. X****

MOBILIER ARTISTIQUE

OBJETS D'ART ET CURIOSITÉS

de Chine et du Japon

TABLEAUX

CAMÉLIAS ET ORANGERS

<table>
<tr><td>COMMISSAIRE-PRISEUR</td><td>EXPERT</td></tr>
<tr><td>Me PAUL CHEVALLIER</td><td>M. CHARLES MANNHEIM</td></tr>
<tr><td>10, rue Grange-Batelière, 10.</td><td>7, rue Saint-Georges, 7.</td></tr>
</table>

EXPOSITION PUBLIQUE

Le Jeudi 2 Décembre 1886

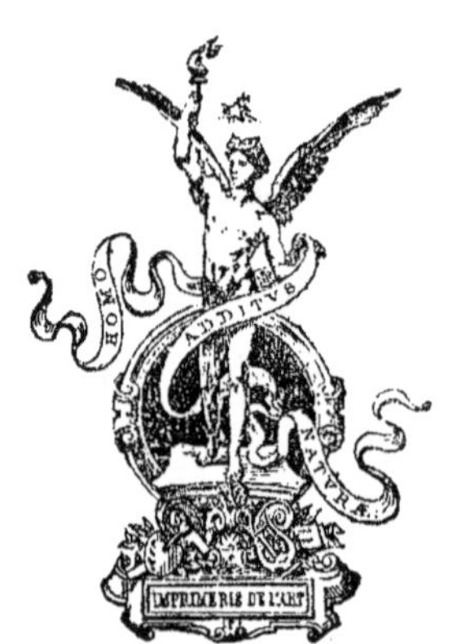
HOMO
ADDITVS
IMPRIMERIE DE L'ART

CATALOGUE

DES

CURIOSITÉS DE L'ORIENT

JADES ET MATIÈRES DURES

Ivoires japonais et chinois — Laques

Émaux cloisonnés — Bronzes chinois et japonais

Objets d'art européens

Boîtes — Tabatières — Miniatures — Étuis — Cachets

Porcelaines et Faïences

Tableaux

MEUBLES ARTISTIQUES

ANCIENS ET MODERNES

Encoignures — Commodes — Tables de nuit Louis XV et Louis XVI

Deux beaux meubles de style Louis XIV

Meubles en bois sculpté — Meubles de salon — Piano

Bronzes et Pendules

Camélias et Orangers

DONT LA VENTE AURA LIEU

Par suite du décès de M. X...

HOTEL DROUOT, SALLE N° 2

Les Vendredi 3 et Samedi 4 Décembre 1886

À DEUX HEURES

Par le Ministère de Mᵉ PAUL CHEVALLIER, commissaire-priseur

10, rue Grange-Batelière, 10

Assisté de M. CHARLES MANNHEIM, expert

7, rue Saint-Georges, 7

EXPOSITION PUBLIQUE : Le Jeudi 2 Décembre 1886

DE UNE HEURE A CINQ HEURES

CONDITIONS DE LA VENTE

Elle sera faite au comptant.

Les acquéreurs payeront en sus des enchères *cinq pour cent,* applicables aux frais.

L'exposition mettant le public à même de se rendre compte de l'état des objets, il ne sera admis aucune réclamation une fois l'adjudication prononcée,

Paris. Imp. de l'Art. E. Ménard et J. Augry, 41, rue de la Victoire.

DÉSIGNATION DES OBJETS

OBJETS D'ART DE L'ORIENT

JADES ET MATIÈRES DURES

1 — JADE VERT FONCÉ. — Figurine d'homme assis ;
un chien à son côté.

2 — JADE VERT FONCÉ. — Boîte carrée et à couvercle décoré d'un animal chimérique et bordé
d'une grecque.

3 — JADE VERT FONCÉ. — Pitong en forme de tronc
de bambou, décoré extérieurement d'oiseaux et
d'arbres sculptés en relief.

4 — JADE VERT. — Plateau oblong et quadrilobé.

5 — JADE VERT. — Coupe unie décorée intérieu-
rement de deux poissons sculptés en relief.

6 — JADE VERT. — Coupe unie.

7 — JADE VERT FONCÉ. — Tasse campanulée à anse
faite d'une branche de fleurs.

8 — JADE VERT FONCÉ. — Coupe à bord festonné,
à décor de petits nuages sur la face externe.

9 — JADE GRIS CLAIR. — Coupe à deux anses for-
mées de bourgeons, prises dans la masse ; elle

est décorée extérieurement de fleurs et de feuilles entrelacées.

10 — JADE GRIS. — Vase en forme de gobelet supporté par des branchages détachés.

11 — JADE GRIS. — Encrier en forme de fruit entouré de branchages sculptés en relief.

12 — JADE GRIS CLAIR. — Deux petites tasses à deux anses et leurs présentoirs quadrilobés.

13 — JADE GRIS. — Boîte en forme de fruit, décorée de branchages en relief; le couvercle et le fond sont reliés par une chaîne d'anneaux prise dans la masse.

14 — JADE GRIS CLAIR. — Coupe en forme de fruit entouré de branchages et d'un dragon détachés et pris dans la masse.

15 — MÊME MATIÈRE. — Coupe hémisphérique entourée de branchages détachés et pris dans la masse.

16 — MÊME MATIÈRE. — Coupe analogue à la précédente, avec feuilles et fleurs détachées.

17 — MÊME MATIÈRE. — Petit pitong à pourtour sculpté en bas-relief et représentant un enfant qui offre un fruit à un dragon.

18 — JADE GRIS. — Deux tasses sans anses et deux soucoupes.

19 — JADE GRIS VERDÂTRE. — Tasse à cinq lobes, décorée de rinceaux gravés.

20 — JADE GRIS BLANCHATRE. — Coupe à deux anses sculptées dans la masse, l'une formée d'une figurine de Chinois, l'autre d'un ours grimpant.

21 — MÊME MATIÈRE. — Petit vase libatoire à anse et à trois pieds droits, décoré de grecques et d'ornements en relief et gravés, et d'arêtes saillantes.

22 — MÊME MATIÈRE. — Petit vase libatoire rectangulaire, à bec et à anse formée d'une tête chimérique. Il est décoré d'ornements gravés et d'arêtes saillantes.

23 — MÊME MATIÈRE. — Petite buire ovale à une anse, tête chimérique.

24 — JADE. — Sous ce numéro, plusieurs petites pièces, figurines, boîtes, boucles, breloques, amulettes, couverts, flacons-tabatières, etc.

25 — JADE GRIS CLAIR. — Deux plaquettes convexes à décor de fleurs, rinceaux et ornements en léger relief.

26 — JADE GRIS CLAIR. — Petite tasse à deux anses, très petite coupe à une anse, autre unie sans anse.

27 — CRISTAL DE ROCHE. — Chimère accroupie et formant vase; le corps et la tête sont évidés. Belle matière.

28 — AGATE MI-PARTIE DE BLANC ET DE ROUGE. — Dragons sur une base quadrangulaire. Ce petit

bloc est accompagné de son socle en bois sculpté.

29 — AGATE ROUGE. — Coupe décorée extérieurement de branches d'aubépines et d'un dragon
sculpté en haut-relief.

30 — MATIÈRE GRISE JASPÉE. — Coupe à deux anses,
à têtes chimériques, décorée de rinceaux, d'ornements et de têtes de clous en relief.

IVOIRES JAPONAIS ET CHINOIS

31 — Groupe de cinq figurines d'hommes dont un
tient un poisson et un autre un bâton. Signé.

32 — Groupe de trois figurines : la Rixe.

33 — Groupe : nombreux personnages assemblés
sous les arbres.

34 — Trois groupes : dames et enfants.

35 à 38 — Seize petits ivoires, figurines, groupes,
nestkés.

39 à 42 — Étui de pharmacie, boîtes à fiches, porte-
cartes, appareils à marquer, jeux, etc.

43 — Pitong décoré de figures sculptées et laquées,
et monté sur pied octogone en laque.

LAQUES

44 à 51 — Boîtes à châles et à gants, coffrets, boîtes
à thé, plateaux, coupes, etc., en laque de Chine
et du Japon.

52 à 56 — Boîtes, plateaux, vases en laque rouge
de Pékin, à décor d'ornements en relief.

57 — Deux boîtes couvertes élevées sur quatre
pieds; laque noire de la Chine à ornements
dorés et appliques en cuivre gravé.

58 à 61 — Quatre petits cabinets japonais en laque
et marqueterie de bois.

ÉMAUX CLOISONNÉS

62 — Brûle-parfums en émail cloisonné de la Chine,
à décor de grecques et d'ornements sur fond
bleu turquoise; monture en bronze de même
style, anses, pieds et bouton de couvercle.

63 — Vase hexagone, couvert, en émail cloisonné
de la Chine.

64 — Petit vase à couvercle, en forme de balustre
quadrangulaire, émail cloisonné de la Chine.

BRONZES CHINOIS ET JAPONAIS

65 — Jardinière rectangulaire, décorée au pourtour
d'oiseaux, d'arbustes, de fruits et de feuilles en
haut-relief.

66 — Théière couverte, à décor de dragons.

67 — Deux petites théières ovoïdes incrustées d'argent et à couvercles, surmontés de chimères.

68 — Deux petits brûle-parfums à couvercles ajou-
rés et surmontés du chien de Fô.

69 — Deux grues.

70 — Deux pitongs à médaillons et bandes ornés.

71 — Vase à deux anses en forme de mortier, décoré de caractères chinois en relief.

72 — Vase en forme de gobelet, à personnages et ornements et à couvercle ajouré.

73 — Autre, à couvercle conique.

74 — Petit pitong monté sur trois pieds, et un vide-poche soutenu par deux figurines.

75 — Brûle-parfums ovale à deux anses têtes chimériques, et à couvercle ajouré, décoré de dragons. Socle en bronze.

76 — Autre, carré et monté sur quatre pieds à têtes de chimères.

77 — Deux chiens de Fô en regard.

78 — Vase cylindrique à large bord et monté à pivot sur trois pieds branchages.

79 — Grande jardinière ovale à anses têtes chimériques, et décor de dragons sur les flots.

80 — Deux paires flambeaux japonais.

81 — Petit brûle-parfums et deux vases.

82 — Deux tortues incrustées d'argent.

83 — Écrevisse et deux tortues.

84 — Pieuvre.

85 à 88 — Plusieurs statuettes, habitation chinoise, vases, etc.

89 à 92 — Divinités indiennes en bronze.

CURIOSITÉS DE L'ORIENT

93 — Plateaux annamites en bois dur, incrustés de nacre.

94 — Miroirs à main, en métal, dans leurs étuis en laque.

95 — Deux écrans en bois : l'un avec feuille en pierre sculptée, l'autre avec feuille laquée et incrustée de nacre.

96 — Gong chinois avec pierre sonnante.

97 — Coupes et petits vases en corne de rhinocéros, en bois sculpté, etc.

98 — Boîtes en bois et en laque, à décor de fleurs et de fruits en incrustations de pierre de lard, de nacre, etc.

99 — BOIS SCULPTÉ. — Six petites pièces : boîtes, vases, groupes, de travail chinois, dans leur écrin.

100 à 102 — BOIS SCULPTÉ. — Statuettes et figurines chinoises.

103 — BOIS SCULPTÉ. — Pitongs en bambou sculpté,

104 — BOIS SCULPTÉ. — Six cadres chinois sculptés et découpés à jour.

105 — Meuble-cabinet à nombreux tiroirs et portes en bois dur incrusté de nacre gravée, à décor de fleurs et d'objets variés. Travail annamite.

106 — Cabinet japonais, marqueterie de bois avec fermoir et charnières en cuivre.

107 à 110 — Plats, plateaux, tasses et soucoupes en émail peint de la Chine, variés de décor.

111 — Plusieurs kakémonos. (Seront divisés sous ce numéro.)

112 — ARMES. — Sabres japonais et couteaux de chasse européens.

113 — Trois pistolets et un revolver.

BOITES — MINIATURES

OBJETS DE VITRINE

114 — Boîte triangulaire en porcelaine de Saxe, médaillons à figures et paysages encadrés d'imbrications vertes ; monture en argent.

115 — Boîte ovale en porcelaine de Saxe, à sujets champêtres en camaïeu rose.

116 — Boîte ovale en porcelaine de Saxe, décorée de médaillons à figures et paysages encadrés de rocailles en relief ; monture argent.

117 — Boîte en forme de jumelle, en émail de Saxe décoré en couleur et rehaussé d'or ; monture vermeil.

118 — Boîte rectangulaire à figures d'amours, en émail de Saxe.

119 — Autre, en forme de cuvette couverte, décor à fleurs de style japonais ; monture vermeil.

120 — Étui en porcelaine de Saxe, décoré de fleurs et de figures ; monture argent.

121 — Petit écrin en cuir décoré au vernis Martin de bouquets de fleurs en couleur et de festons dorés. Époque Louis XV.

122 — Boîte en agate taillée à cuvette, avec monture en or.

123 — Boîte en forme de malle, en porphyre gris, avec monture en acier.

124 — Boîte ovale à fiches en ivoire. Époque Louis XV.

125 — Étui à cigares, en argent filigrané.

126 — Miniature ovale sur ivoire : Portrait de jeune femme en robe blanche et coiffée d'un foulard de batiste. Joli cadre en bois sculpté et doré à fleurs et rinceaux.

127 — Miniature ovale sur ivoire, par *Saint* (signée) : Portrait d'homme.

128 — Miniature ronde sur ivoire : Portrait d'homme traçant un chiffre sur un tronc d'arbre.

129 — Miniature ovale sur ivoire : Portrait d'un jeune garçon.

130 — Deux miniatures ovales sur ivoire, par *Saint* (signées) : Portrait de femme en robe blanche et Portrait d'un officier. Elles sont placées dans de jolis cadres en bois sculpté et doré.

131 — Étui Louis XVI, formant cachet, en or à

cordons de fleurs et d'ornements ciselés en relief.

132 — Deux cachets-breloques en or.

133 — Quatre cachets-breloques.

134 — Cachets en cristal de roche et cachets à manches d'agate, de nacre, etc.

135 — Deux petites boîtes japonaises, l'une en émail cloisonné, l'autre en bronze.

136 — Deux petites boîtes en forme de fruits à côtes, en argent doré et émaillé noir.

137 — Ivoire sculpté. — Groupe d'enfants, placé sur une terrasse rocaille en bronze doré.

PORCELAINES ET FAIENCES

138 — Groupe en Saxe Marcolini, sur terrasse rocaille en bronze, et deux flambeaux bouts-de-table composés de branchages en cuivre doré avec oiseaux et fleurettes en porcelaine de Saxe.

139 — Deux girandoles en bronze, à cinq lumières, de style Louis XV, ornées de figurines de femme, en ancienne porcelaine d'Allemagne.

140 — Deux vases, pot à tabac, en porcelaine de Chine, à décor de fleurs en émaux verts ; monture en cuivre.

141 — Statuettes et figurines en porcelaine moderne de la Chine.

142 — Tasses et soucoupes en porcelaine mince
décorée.

143 — Flacons, théières, en Chine moderne.

144 — BLANC DE CHINE. — Cinq statuettes de divinités.

145 — Vases de diverses dimensions en porcelaine
moderne de la Chine. Seront vendus sous ce
numéro.

146 — Plats en même porcelaine, variés de décors.

147 — Service à dessert en porcelaine décorée
genre Sèvres, modèle dit feuille de chou.

148 — Autre service en porcelaine moderne de
Paris, à bouquets, rubans bleus et œils-de-per-
drix en dorure.

149 — Plat rond en ancienne faïence de Rouen, à
décor polychrome ; au fond, des kiosques et des
arbustes de style chinois ; au marli, des com-
partiments à fleurs alternant avec des quadrillés
verts.

150 — Plusieurs bannettes en Rouen, à décor polychrome.

151 — Compotiers à bords festonnés en même
faïence.

152 — Encrier, burettes, sucriers, salières, même
faïence.

153 — Faïences françaises anciennes et modernes.
Jardinières, plats, assiettes.

BRONZES D'AMEUBLEMENT

154 — Pendule Louis XIV, forme violon, plaquée d'écaille rouge de l'Inde décorée d'incrustations de cuivre et d'étain ; le couronnement dômé est surmonté d'une figurine d'amour en bronze doré.

155 — Pendule religieuse plaquée d'écaille et richement garnie de cuivres ciselés et dorés ; cariatides, vases, etc.

156 — Cartel Louis XVI, modèle à vase, guirlandes et têtes de bélier.

157 — Sept appliques de l'Empire, à quatre lumières chaque ; le support est orné d'un mascaron et surmonté d'une figurine d'amour.

158 — Plusieurs paires d'appliques style Louis XIV.

159 — Grande pendule Louis XV et son support garnis de cuivres.

160 — Encriers en marqueterie de cuivre.

161 — Bronzes d'art et d'ameublement, statuettes, pendules, chenets, etc.

162 — Pendule de cuivre en forme de cloche.

163 — Girandoles Louis XV, à trois lumières en cuivre ; elles sont réargentées.

164 — Nombreuses lampes sous ce numéro.

MEUBLES ANCIENS

ET MEUBLES DE STYLE

165 — Deux encoignures Louis XV, à face con-
tournée, en bois rose et bois satiné, décorées en
marqueterie de bois clair, de festons de roses,
et garnies de cuivres.

166 — Petit secrétaire Louis XV, en bois rose et
marqueterie de bois, offrant sur l'abattant un
trophée d'instruments de musique, et sur les
vantaux inférieurs une gerbe de roses.

167 — Petite commode Louis XVI, à deux tiroirs,
bois rose et marqueterie à décor de vases et festons de fleurs.

168-169 — Deux tables de nuit Louis XVI, en marqueterie de bois à sujets chinois et vases de
fleurs. Elles portent la signature : *Opino M. E.*
Tablettes de marbre.

170 — Petite table à ouvrage, Louis XVI, en bois
rose et marqueterie ; le dessus ovale et le ban-
deau sont décorés de quatre-feuilles inscrits
dans des losanges ; la tablette d'entre-jambes,
en forme de rognon, est ornée de tasses, burettes, etc.

171-172 — Deux beaux meubles de style Louis XIV,
à hauteur d'appui et ouvrant à deux portes en

bois noir décoré d'incrustations de cuivre sur écaille et très richement garnis d'appliques en bronze doré ; figures, médailles, mascarons, moulures, etc.

173 — Meuble en bois noir garni de bronzes et ouvrant à deux portes ornées de marqueterie de cuivre et d'écaille.

174 — Grand coffre de style Renaissance, en chêne sculpté, la face à décor de rinceaux et de cartel armorié, les montants formés de cariatides.

175-176 — Deux meubles d'entre-deux, style Renaissance, en chêne sculpté, ouvrant à une porte pleine surmontée d'un tiroir, décor à mascaron et enroulements avec colonnes torses cantonnées aux angles.

177 — Table servante de style Louis XIII, en bois sculpté et à pieds tors.

178 — Meuble de même style, à deux vantaux ornés de moulures et à cariatides adossées aux montants.

179 — Bahut en chêne sculpté, à figures, ornements et pilastres cannelés.

180 — Bureau en chêne sculpté à pieds tors.

181 — Meuble vaisselier ; le bas, à portes pleines ; le corps supérieur, en retrait. Il est orné de sujets, de guirlandes de fruits et d'ornements en cuir couleur bois.

182 — Petit meuble style Louis XIII, à deux corps et à quatre vantaux, en chêne orné de colonnettes engagées.

183 — Console de style Louis XV, en bois doré, à dessus de marbre.

184 — Bureau en bois de rose garni de cuivre. Style Louis XV.

185 — Armoire Louis XV, à deux portes, bois rose et palissandre. .

186 — Ameublement de salon style Louis XV, en bois laqué blanc, recouvert en reps à fleurs : canapé, huit fauteuils et quatre chaises.

187 — Ameublement de salon en bois doré, couvert en damas de soie rouge et rideaux assortis.

188 — Piano à sept octaves, de *Ignace Pleyel*, à Paris.

189 — Table de salle à manger en chêne, et dix-huit chaises à pieds tors, couvertes en cuir.

190 — Table en bois noir, style Louis XVI, à dessus en faïence décorée.

191 — Table à jeu, forme Louis XV, bois noir, garnie de cuivres.

192 — Grandes glaces et miroirs à cadres dorés.

CAMÉLIAS ET ORANGERS

193 — BEAUX CAMÉLIAS et plusieurs orangers dans

des caisses de bois frettées de fer, et dans des jardinières en grès émaillé.

TABLEAUX

194 — RAOUX. Portrait de jeune femme représentée en Vestale, dans une toilette de satin blanc. Charmant petit tableau portant la signature de l'artiste.

195 — L. VIGÉE-LEBRUN. Portrait de femme. Pastel.

196 — JEAN BÉRAUD. Branche de prunier.

197 — JEAN BÉRAUD. Vase de fleurs.

198 — FEYEN-PERRIN. Personnage Louis XV, en habit rouge.

199 — LE PIC (Comte). Une Plage à marée basse.

200 — ÉT. VALLÉE. Deux paysages.

201 — JULES HEREAU. Marine.

202 — H. STOCK (d'après GUDIN). Combat naval de Malaga, en 1704.

203 — GALLARD-LÉPINAY. Deux marines, dont une est placée dans un cadre en bois sculpté et doré.

204 — JULES DE VIGNON. Diane.

205 — JULES DE VIGNON. Le Repos du chasseur.

206 — JULES DE VIGNON. Portrait de femme. Pastel.

207 — VICTOR HUGO, 1850. Ville au bord de la mer. Sépia.

208 — L. ABBEMA. Un Page. Aquarelle.

209 — Éloise Chevallier, 1882. Incroyable lisant les affiches. Émail.

210 — Mayer. — Pêche à la ligne. Aquarelle.

211 — L. Flameng. La Ronde de nuit, eau-forte d'après Rembrandt.

212 — Plusieurs tableaux et gravures sous ce numéro.

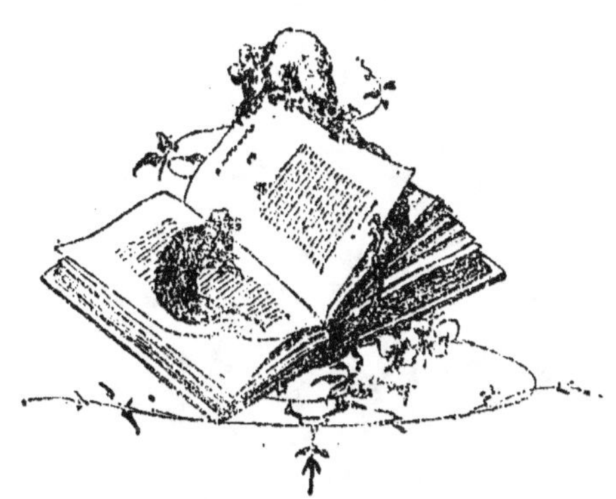